GARDENS

AN ENGAGEMENT CALENDAR FOR 1991

Photographs by Ping Amranand

Stewart, Tabori & Chang
New York

Cover Blossoming cherry trees in the National Arboretum, Washington, D.C.

Half-title The rose arbor of Dr. and Mrs. F. Turner Reuter, in Middleburg, Virginia.

Frontispiece Dogwood, *Cryptomeria japonica*, azaleas, and numerous other plants grace the formal garden at Georgetown's Prospect House.

Back cover The Rose Garden at Dumbarton Oaks blanketed in snow.

Opposite The world-renowned White Garden at Sissinghurst still maintains its sense of an intimate outdoor haven.

Copyright © 1990 Stewart, Tabori & Chang, Inc.
Photographs copyright © 1990 Ping Amranand

Published in 1990 by Stewart, Tabori & Chang, Inc.
575 Broadway, New York, NY 10012
Distributed in the United States by Workman Publishing
708 Broadway, New York, NY 10003, and in Canada by
the Canadian Manda Group, P.O. Box 920 Station U,
Toronto, Ontario M8Z 5P9.

ISBN: 1-55670-138-1
Design: Paul Zakris
Printed in Italy

DECEMBER

SUNDAY	30
MONDAY	31
TUESDAY	1 JANUARY

New Year's Day

WEDNESDAY	2
THURSDAY	3
FRIDAY	4
SATURDAY	5

Swathed in a blanket of snow, its fountain off for the season, the Pebble Garden of Dumbarton Oaks in Washington, D. C., exudes a peace that is almost palpable.

DECEMBER

S	M	T	W	T	F	S
						1
2	3	4	5	6	7	8
9	10	11	12	13	14	15
16	17	18	19	20	21	22
23	24	25	26	27	28	29
30	31					

JANUARY

S	M	T	W	T	F	S
			1	2	3	4	5
6	7	8	9	10	11	12
13	14	15	16	17	18	19
20	21	22	23	24	25	26
27	28	29	30	31		

FEBRUARY

S	M	T	W	T	F	S
					1	2
3	4	5	6	7	8	9
10	11	12	13	14	15	16
17	18	19	20	21	22	23
24	25	26	27	28		

JANUARY

SUNDAY	6
MONDAY	7
TUESDAY	8
WEDNESDAY	9
THURSDAY	10
FRIDAY	11
SATURDAY	12

☾

The greenhouse of Mrs. David Paish of Brynhyfryd, near Corris, Wales, is home to this spectacular *Pelargonium regale*.

JANUARY

SUNDAY	13
MONDAY	14
TUESDAY	15

Martin Luther King, Jr.'s Birthday ●

WEDNESDAY	16
THURSDAY	17
FRIDAY	18
SATURDAY	19

The precise and perfect placement of an island of moss, with its exquisite bonsai, punctuates the serene Samboin Temple Garden in Kyoto, Japan.

DECEMBER						
S	M	T	W	T	F	S
						1
2	3	4	5	6	7	8
9	10	11	12	13	14	15
16	17	18	19	20	21	22
23	24	25	26	27	28	29
30	31					

JANUARY						
S	M	T	W	T	F	S
		1	2	3	4	5
6	7	8	9	10	11	12
13	14	15	16	17	18	19
20	21	22	23	24	25	26
27	28	29	30	31		

FEBRUARY						
S	M	T	W	T	F	S
					1	2
3	4	5	6	7	8	9
10	11	12	13	14	15	16
17	18	19	20	21	22	23
24	25	26	27	28		

J A N U A R Y

SUNDAY	20
MONDAY	21

Martin Luther King, Jr.'s Birthday Observed

TUESDAY	22
WEDNESDAY	23

☽

THURSDAY	24
FRIDAY	25
SATURDAY	26

DECEMBER								JANUARY								FEBRUARY						
S	M	T	W	T	F	S		S	M	T	W	T	F	S		S	M	T	W	T	F	S
						1				1	2	3	4	5							1	2
2	3	4	5	6	7	8		6	7	8	9	10	11	12		3	4	5	6	7	8	9
9	10	11	12	13	14	15		13	14	15	16	17	18	19		10	11	12	13	14	15	16
16	17	18	19	20	21	22		20	21	22	23	24	25	26		17	18	19	20	21	22	23
23	24	25	26	27	28	29		27	28	29	30	31				24	25	26	27	28		
30	31																					

Thanks to the Mount Vernon Ladies' Association of the Union, many plants in the Upper Garden at Mount Vernon are varieties that would have been planted by George Washington.

JANUARY

SUNDAY   27

MONDAY   28

TUESDAY   29

WEDNESDAY   30

                                                        ○

THURSDAY   31

FRIDAY   1   FEBRUARY

SATURDAY   2

The beautiful commingling of green and mauve
heightens the unusual grace of these lotus blos-
soms in Thailand.

DECEMBER						
S	M	T	W	T	F	S
						1
2	3	4	5	6	7	8
9	10	11	12	13	14	15
16	17	18	19	20	21	22
23	24	25	26	27	28	29
30	31					

JANUARY						
S	M	T	W	T	F	S
		1	2	3	4	5
6	7	8	9	10	11	12
13	14	15	16	17	18	19
20	21	22	23	24	25	26
27	28	29	30	31		

FEBRUARY						
S	M	T	W	T	F	S
					1	2
3	4	5	6	7	8	9
10	11	12	13	14	15	16
17	18	19	20	21	22	23
24	25	26	27	28		

FEBRUARY

SUNDAY   3

MONDAY   4

TUESDAY   5

WEDNESDAY   6

                                                          ☾

THURSDAY   7

FRIDAY   8

SATURDAY   9

	JANUARY					
S	M	T	W	T	F	S
		1	2	3	4	5
6	7	8	9	10	11	12
13	14	15	16	17	18	19
20	21	22	23	24	25	26
27	28	29	30	31		

	FEBRUARY					
S	M	T	W	T	F	S
					1	2
3	4	5	6	7	8	9
10	11	12	13	14	15	16
17	18	19	20	21	22	23
24	25	26	27	28		

	MARCH					
S	M	T	W	T	F	S
					1	2
3	4	5	6	7	8	9
10	11	12	13	14	15	16
17	18	19	20	21	22	23
24	25	26	27	28	29	30
31						

Heliconia rostrata, or "false bird of paradise," is a spectacular relative of the banana plant. Here it is complemented by bromeliads and other plants on Bali, Indonesia.

FEBRUARY

SUNDAY	10
MONDAY	11
TUESDAY	12

Lincoln's Birthday

WEDNESDAY	13

Ash Wednesday

THURSDAY	14

St. Valentine's Day   ●

FRIDAY	15
SATURDAY	16

The rich pink and inky green of a hibiscus planting are the perfect partners to the colors of this house on Harbour Island, Eleuthera, in the Bahamas.

	JANUARY					
S	M	T	W	T	F	S
		1	2	3	4	5
6	7	8	9	10	11	12
13	14	15	16	17	18	19
20	21	22	23	24	25	26
27	28	29	30	31		

	FEBRUARY					
S	M	T	W	T	F	S
					1	2
3	4	5	6	7	8	9
10	11	12	13	14	15	16
17	18	19	20	21	22	23
24	25	26	27	28		

	MARCH					
S	M	T	W	T	F	S
					1	2
3	4	5	6	7	8	9
10	11	12	13	14	15	16
17	18	19	20	21	22	23
24	25	26	27	28	29	30
31						

FEBRUARY

SUNDAY   17

MONDAY   18

Washington's Birthday Observed

TUESDAY   19

WEDNESDAY   20

THURSDAY   21

☽

FRIDAY   22

Washington's Birthday

SATURDAY   23

JANUARY						
S	M	T	W	T	F	S
		1	2	3	4	5
6	7	8	9	10	11	12
13	14	15	16	17	18	19
20	21	22	23	24	25	26
27	28	29	30	31		

FEBRUARY						
S	M	T	W	T	F	S
					1	2
3	4	5	6	7	8	9
10	11	12	13	14	15	16
17	18	19	20	21	22	23
24	25	26	27	28		

MARCH						
S	M	T	W	T	F	S
					1	2
3	4	5	6	7	8	9
10	11	12	13	14	15	16
17	18	19	20	21	22	23
24	25	26	27	28	29	30
31						

This avalanche of morning glories tumbles over a stone wall in Kathmandu, Nepal.

FEBRUARY

SUNDAY   24

MONDAY   25

TUESDAY   26

WEDNESDAY   27

THURSDAY   28

                                                    ○

FRIDAY   1   MARCH

SATURDAY   2

V̲ictor Sassoon's orchid house in Bangkok, Thailand, is home to many varieties of this endlessly fascinating genus as well as to these playful and well-weathered acrobats.

M A R C H

SUNDAY	3
MONDAY	4
TUESDAY	5
WEDNESDAY	6
THURSDAY	7
FRIDAY	8 ☾
SATURDAY	9

FEBRUARY

S	M	T	W	T	F	S
					1	2
3	4	5	6	7	8	9
10	11	12	13	14	15	16
17	18	19	20	21	22	23
24	25	26	27	28		

MARCH

S	M	T	W	T	F	S
					1	2
3	4	5	6	7	8	9
10	11	12	13	14	15	16
17	18	19	20	21	22	23
24	25	26	27	28	29	30
31						

APRIL

S	M	T	W	T	F	S
	1	2	3	4	5	6
7	8	9	10	11	12	13
14	15	16	17	18	19	20
21	22	23	24	25	26	27
28	29	30				

Fronted by potted geraniums, the garden "shed" at the house of Mimma Salesi, in Imperia, Italy, is a picturesque reminder of days gone by.

M A R C H

SUNDAY	10
MONDAY	11
TUESDAY	12
WEDNESDAY	13
THURSDAY	14
FRIDAY	15
SATURDAY	16

●

The voice of the cascade and the plantings of this woodland garden in Williamsburg, Virginia, equip a peaceful place in which to observe nature as spring prepares for its welcome entry.

	FEBRUARY								MARCH								APRIL				
S	M	T	W	T	F	S	S	M	T	W	T	F	S	S	M	T	W	T	F	S
					1	2						1	2		1	2	3	4	5	6
3	4	5	6	7	8	9	3	4	5	6	7	8	9	7	8	9	10	11	12	13
10	11	12	13	14	15	16	10	11	12	13	14	15	16	14	15	16	17	18	19	20
17	18	19	20	21	22	23	17	18	19	20	21	22	23	21	22	23	24	25	26	27
24	25	26	27	28			24	25	26	27	28	29	30	28	29	30				
							31													

M A R C H

SUNDAY	17

St. Patrick's Day

MONDAY	18
TUESDAY	19
WEDNESDAY	20
THURSDAY	21
FRIDAY	22
SATURDAY	23

☽

FEBRUARY

S	M	T	W	T	F	S
					1	2
3	4	5	6	7	8	9
10	11	12	13	14	15	16
17	18	19	20	21	22	23
24	25	26	27	28		

MARCH

S	M	T	W	T	F	S
					1	2
3	4	5	6	7	8	9
10	11	12	13	14	15	16
17	18	19	20	21	22	23
24	25	26	27	28	29	30
31						

APRIL

S	M	T	W	T	F	S
	1	2	3	4	5	6
7	8	9	10	11	12	13
14	15	16	17	18	19	20
21	22	23	24	25	26	27
28	29	30				

A hillside of jonquils and daffodils overlooks the muted colors of April in the eastside plantings of Dumbarton Oaks, the gardens of which were designed by Beatrix Farrand.

MARCH

SUNDAY 24

Palm Sunday

MONDAY 25

TUESDAY 26

WEDNESDAY 27

THURSDAY 28

FRIDAY 29

Good Friday
Passover begins at sundown

SATURDAY 30

○

Spring in Japan is heralded by the world-renowned cherry blossoms, as seen here at the Heian Shrine in Kyoto.

FEBRUARY						
S	M	T	W	T	F	S
					1	2
3	4	5	6	7	8	9
10	11	12	13	14	15	16
17	18	19	20	21	22	23
24	25	26	27	28		

MARCH						
S	M	T	W	T	F	S
					1	2
3	4	5	6	7	8	9
10	11	12	13	14	15	16
17	18	19	20	21	22	23
24	25	26	27	28	29	30
31						

APRIL						
S	M	T	W	T	F	S
	1	2	3	4	5	6
7	8	9	10	11	12	13
14	15	16	17	18	19	20
21	22	23	24	25	26	27
28	29	30				

M ARC H

SUNDAY	31

Easter

MONDAY	1	APRIL

Easter Monday (Canada)

TUESDAY	2

WEDNESDAY	3

THURSDAY	4

FRIDAY	5

SATURDAY	6

MARCH						
S	M	T	W	T	F	S
					1	2
3	4	5	6	7	8	9
10	11	12	13	14	15	16
17	18	19	20	21	22	23
24	25	26	27	28	29	30
31						

APRIL						
S	M	T	W	T	F	S
	1	2	3	4	5	6
7	8	9	10	11	12	13
14	15	16	17	18	19	20
21	22	23	24	25	26	27
28	29	30				

MAY						
S	M	T	W	T	F	S
				1	2	3	4
5	6	7	8	9	10	11
12	13	14	15	16	17	18
19	20	21	22	23	24	25
26	27	28	29	30	31	

The Hillwood Museum in Washington, D.C., has several gardens. In the circular forecourt, Eros is attended by the beautifully maintained spring plantings.

APRIL

SUNDAY	7
	☾
MONDAY	8
TUESDAY	9
WEDNESDAY	10
THURSDAY	11
FRIDAY	12
SATURDAY	13

When these startlingly vivid plantings burst into flaming color each spring, it is easy to see how the Azalea Hillside at the National Arboretum in Washington, D.C., got its name.

MARCH						
S	M	T	W	T	F	S
					1	2
3	4	5	6	7	8	9
10	11	12	13	14	15	16
17	18	19	20	21	22	23
24	25	26	27	28	29	30
31						

APRIL						
S	M	T	W	T	F	S
	1	2	3	4	5	6
7	8	9	10	11	12	13
14	15	16	17	18	19	20
21	22	23	24	25	26	27
28	29	30				

MAY						
S	M	T	W	T	F	S
			1	2	3	4
5	6	7	8	9	10	11
12	13	14	15	16	17	18
19	20	21	22	23	24	25
26	27	28	29	30	31	

APRIL

SUNDAY	14
MONDAY	15
TUESDAY	16
WEDNESDAY	17
THURSDAY	18
FRIDAY	19
SATURDAY	20

●

New Orleans-style wrought iron in a grapevine pattern was added to Prospect House in Georgetown in the 1930s. The porch provides a tantalizing view of the house's formal garden.

A P R I L

SUNDAY	21
	☽
MONDAY	22
TUESDAY	23
WEDNESDAY	24
THURSDAY	25
FRIDAY	26
SATURDAY	27

Few flowers lend themselves more readily than tulips to the success of a springtime border.

MARCH

S	M	T	W	T	F	S
					1	2
3	4	5	6	7	8	9
10	11	12	13	14	15	16
17	18	19	20	21	22	23
24	25	26	27	28	29	30
31						

APRIL

S	M	T	W	T	F	S
	1	2	3	4	5	6
7	8	9	10	11	12	13
14	15	16	17	18	19	20
21	22	23	24	25	26	27
28	29	30				

MAY

S	M	T	W	T	F	S
			1	2	3	4
5	6	7	8	9	10	11
12	13	14	15	16	17	18
19	20	21	22	23	24	25
26	27	28	29	30	31	

A P R I L

SUNDAY	28	
		○
MONDAY	29	
TUESDAY	30	
WEDNESDAY	1	MAY
THURSDAY	2	
FRIDAY	3	
SATURDAY	4	

APRIL						
S	M	T	W	T	F	S
	1	2	3	4	5	6
7	8	9	10	11	12	13
14	15	16	17	18	19	20
21	22	23	24	25	26	27
28	29	30				

MAY						
S	M	T	W	T	F	S
				1	2	3	4
5	6	7	8	9	10	11
12	13	14	15	16	17	18
19	20	21	22	23	24	25
26	27	28	29	30	31	

JUNE						
S	M	T	W	T	F	S
						1
2	3	4	5	6	7	8
9	10	11	12	13	14	15
16	17	18	19	20	21	22
23	24	25	26	27	28	29
30						

With its bright green foil, a fuchsia-colored azalea at the edge of a pool in a Georgetown garden elicits comparisons to a painting by David Hockney.

M A Y

SUNDAY	5
MONDAY	6
TUESDAY	7
	☾
WEDNESDAY	8
THURSDAY	9
FRIDAY	10
SATURDAY	11

At Giverny, May brings a colorful proliferation of tulips and forget-me-nots to Monet's breath-taking gardens.

APRIL

S	M	T	W	T	F	S
	1	2	3	4	5	6
7	8	9	10	11	12	13
14	15	16	17	18	19	20
21	22	23	24	25	26	27
28	29	30				

MAY

S	M	T	W	T	F	S
			1	2	3	4
5	6	7	8	9	10	11
12	13	14	15	16	17	18
19	20	21	22	23	24	25
26	27	28	29	30	31	

JUNE

S	M	T	W	T	F	S
						1
2	3	4	5	6	7	8
9	10	11	12	13	14	15
16	17	18	19	20	21	22
23	24	25	26	27	28	29
30						

M A Y

SUNDAY   12

Mother's Day

MONDAY   13

TUESDAY   14

                                                        ●

WEDNESDAY   15

THURSDAY   16

FRIDAY   17

SATURDAY   18

	APRIL					
S	M	T	W	T	F	S
	1	2	3	4	5	6
7	8	9	10	11	12	13
14	15	16	17	18	19	20
21	22	23	24	25	26	27
28	29	30				

	MAY					
S	M	T	W	T	F	S
			1	2	3	4
5	6	7	8	9	10	11
12	13	14	15	16	17	18
19	20	21	22	23	24	25
26	27	28	29	30	31	

	JUNE					
S	M	T	W	T	F	S
						1
2	3	4	5	6	7	8
9	10	11	12	13	14	15
16	17	18	19	20	21	22
23	24	25	26	27	28	29
30						

With warmer weather come the return of the Pebble Garden fountains and the yearly blossoming of wisteria at Dumbarton Oaks.

M A Y

SUNDAY	19

MONDAY	20	
	Victoria Day (Canada)	☽

TUESDAY	21

WEDNESDAY	22

THURSDAY	23

FRIDAY	24

SATURDAY	25

In the 1920s, Alexander Weddell brought an English priory to Richmond, where it overlooks the James River. Today, Virginia House and its gardens are owned by the Virginia Historical Society.

APRIL						
S	M	T	W	T	F	S
	1	2	3	4	5	6
7	8	9	10	11	12	13
14	15	16	17	18	19	20
21	22	23	24	25	26	27
28	29	30				

MAY						
S	M	T	W	T	F	S
			1	2	3	4
5	6	7	8	9	10	11
12	13	14	15	16	17	18
19	20	21	22	23	24	25
26	27	28	29	30	31	

JUNE						
S	M	T	W	T	F	S
						1
2	3	4	5	6	7	8
9	10	11	12	13	14	15
16	17	18	19	20	21	22
23	24	25	26	27	28	29
30						

M A Y

SUNDAY	26
MONDAY	27

Memorial Day

TUESDAY	28

○

WEDNESDAY	29
THURSDAY	30
FRIDAY	31
SATURDAY	1

JUNE

An inspired concatenation of paeonies and irises sparks the startlingly beautiful cutting garden of Dr. and Mrs. F. Turner Reuter, in Middleburg, Virginia.

J U N E

SUNDAY	2
MONDAY	3
TUESDAY	4
WEDNESDAY	5
THURSDAY	6 ☾
FRIDAY	7
SATURDAY	8

The Italianate gardens of Hush Heath Manor, in Kent, England, are rife with the unexpected. This bench is as much a result of its plantings as it is a work of architecture.

J U N E

SUNDAY	9

MONDAY	10

TUESDAY	11

WEDNESDAY	12

●

THURSDAY	13

FRIDAY	14

SATURDAY	15

MAY
S	M	T	W	T	F	S
			1	2	3	4
5	6	7	8	9	10	11
12	13	14	15	16	17	18
19	20	21	22	23	24	25
26	27	28	29	30	31	

JUNE
S	M	T	W	T	F	S
						1
2	3	4	5	6	7	8
9	10	11	12	13	14	15
16	17	18	19	20	21	22
23	24	25	26	27	28	29
30						

JULY
S	M	T	W	T	F	S
	1	2	3	4	5	6
7	8	9	10	11	12	13
14	15	16	17	18	19	20
21	22	23	24	25	26	27
28	29	30	31			

With its underscoring of numerous varieties of pansies and its punctuation of trellised roses, this window of a house in France's Loire Valley creates a lovely garden vignette.

J U N E

SUNDAY	16

Father's Day

MONDAY	17

TUESDAY	18

WEDNESDAY	19

☽

THURSDAY	20

FRIDAY	21

SATURDAY	22

The coneflowers in the Butterfly Garden of Brookside Gardens, in Maryland, attract more than the denizens for which the garden was named.

	MAY					
S	M	T	W	T	F	S
				1	2	3	4
5	6	7	8	9	10	11
12	13	14	15	16	17	18
19	20	21	22	23	24	25
26	27	28	29	30	31	

	JUNE					
S	M	T	W	T	F	S
						1
2	3	4	5	6	7	8
9	10	11	12	13	14	15
16	17	18	19	20	21	22
23	24	25	26	27	28	29
30						

	JULY					
S	M	T	W	T	F	S
	1	2	3	4	5	6
7	8	9	10	11	12	13
14	15	16	17	18	19	20
21	22	23	24	25	26	27
28	29	30	31			

J U N E

SUNDAY	23
MONDAY	24
TUESDAY	25
WEDNESDAY	26
THURSDAY	27
FRIDAY	28 ○
SATURDAY	29

MAY
S M T W T F S
         1 2 3 4
5 6 7 8 9 10 11
12 13 14 15 16 17 18
19 20 21 22 23 24 25
26 27 28 29 30 31

JUNE
S M T W T F S
                     1
2 3 4 5 6 7 8
9 10 11 12 13 14 15
16 17 18 19 20 21 22
23 24 25 26 27 28 29
30

JULY
S M T W T F S
   1 2 3 4 5 6
7 8 9 10 11 12 13
14 15 16 17 18 19 20
21 22 23 24 25 26 27
28 29 30 31

A dovecote surrounded by a variety of plantings at Cotehele, in Calstock, Cornwall, England, brings to mind the grace and abundance of nineteenth-century gardens.

J U N E

SUNDAY	30	
MONDAY	1	JULY
	Canada Day (Canada)	
TUESDAY	2	
WEDNESDAY	3	
THURSDAY	4	
	Independence Day	
FRIDAY	5	
		☾
SATURDAY	6	

JUNE	JULY	AUGUST
S M T W T F S	S M T W T F S	S M T W T F S
1	1 2 3 4 5 6	1 2 3
2 3 4 5 6 7 8	7 8 9 10 11 12 13	4 5 6 7 8 9 10
9 10 11 12 13 14 15	14 15 16 17 18 19 20	11 12 13 14 15 16 17
16 17 18 19 20 21 22	21 22 23 24 25 26 27	18 19 20 21 22 23 24
23 24 25 26 27 28 29	28 29 30 31	25 26 27 28 29 30 31
30		

This natural garland of roses graces the garden at Oatlands, a National Trust for Historic Preservation property in Leesburg, Virginia.

J U L Y

S U N D A Y	7
M O N D A Y	8
T U E S D A Y	9
W E D N E S D A Y	10
T H U R S D A Y	11
F R I D A Y	12
S A T U R D A Y	13

●

JUNE						
S	M	T	W	T	F	S
						1
2	3	4	5	6	7	8
9	10	11	12	13	14	15
16	17	18	19	20	21	22
23	24	25	26	27	28	29
30						

JULY						
S	M	T	W	T	F	S
	1	2	3	4	5	6
7	8	9	10	11	12	13
14	15	16	17	18	19	20
21	22	23	24	25	26	27
28	29	30	31			

AUGUST						
S	M	T	W	T	F	S
				1	2	3
4	5	6	7	8	9	10
11	12	13	14	15	16	17
18	19	20	21	22	23	24
25	26	27	28	29	30	31

Haseley Court, in Oxfordshire, England, looks out over its meticulously maintained topiary "chess" garden.

J U L Y

SUNDAY	14
MONDAY	15
TUESDAY	16
WEDNESDAY	17
THURSDAY	18 ☽
FRIDAY	19
SATURDAY	20

Wild yellow daisies stand out against the time- and weather-worn stone walls of this cottage in Provence, France.

	JUNE								JULY								AUGUST					
S	M	T	W	T	F	S		S	M	T	W	T	F	S		S	M	T	W	T	F	S
						1			1	2	3	4	5	6							1	2	3
2	3	4	5	6	7	8		7	8	9	10	11	12	13		4	5	6	7	8	9	10
9	10	11	12	13	14	15		14	15	16	17	18	19	20		11	12	13	14	15	16	17
16	17	18	19	20	21	22		21	22	23	24	25	26	27		18	19	20	21	22	23	24
23	24	25	26	27	28	29		28	29	30	31					25	26	27	28	29	30	31
30																						

J U L Y

S U N D A Y	21
M O N D A Y	22
T U E S D A Y	23
W E D N E S D A Y	24
T H U R S D A Y	25
F R I D A Y	26
S A T U R D A Y	27

○

Carp and waterlilies share pride of place in the Aquatic Gardens of the National Arboretum.

J U L Y

SUNDAY	28
MONDAY	29
TUESDAY	30
WEDNESDAY	31
THURSDAY	1 AUGUST
FRIDAY	2
SATURDAY	3 ☾

The owners of Castle House in Wales have built their lovely garden around the ruins of Usk Castle. Here the plants nestle about a venerable and moss-covered head of stone.

JUNE						
S	M	T	W	T	F	S
						1
2	3	4	5	6	7	8
9	10	11	12	13	14	15
16	17	18	19	20	21	22
23	24	25	26	27	28	29
30						

JULY						
S	M	T	W	T	F	S
	1	2	3	4	5	6
7	8	9	10	11	12	13
14	15	16	17	18	19	20
21	22	23	24	25	26	27
28	29	30	31			

AUGUST						
S	M	T	W	T	F	S
					1	2	3
4	5	6	7	8	9	10
11	12	13	14	15	16	17
18	19	20	21	22	23	24
25	26	27	28	29	30	31

A U G U S T

SUNDAY	4
MONDAY	5
TUESDAY	6
WEDNESDAY	7
THURSDAY	8
FRIDAY	9
SATURDAY	10

●

JULY						
S	M	T	W	T	F	S
		1	2	3	4	5	6
7	8	9	10	11	12	13
14	15	16	17	18	19	20
21	22	23	24	25	26	27
28	29	30	31			

AUGUST						
S	M	T	W	T	F	S
				1	2	3
4	5	6	7	8	9	10
11	12	13	14	15	16	17
18	19	20	21	22	23	24
25	26	27	28	29	30	31

SEPTEMBER						
S	M	T	W	T	F	S
1	2	3	4	5	6	7
8	9	10	11	12	13	14
15	16	17	18	19	20	21
22	23	24	25	26	27	28
29	30					

The pleasures of the country are readily apparent in this view of the croquet lawn at Hush Heath Manor, owned by Dr. Stanley Balfour-Lynn.

AUGUST

SUNDAY	11
MONDAY	12
TUESDAY	13
WEDNESDAY	14
THURSDAY	15
FRIDAY	16
SATURDAY	17

☽

Salvia, miniature dahlias, and snapdragons are featured in a cutting garden.

JULY
S	M	T	W	T	F	S
	1	2	3	4	5	6
7	8	9	10	11	12	13
14	15	16	17	18	19	20
21	22	23	24	25	26	27
28	29	30	31			

AUGUST
S	M	T	W	T	F	S
				1	2	3
4	5	6	7	8	9	10
11	12	13	14	15	16	17
18	19	20	21	22	23	24
25	26	27	28	29	30	31

SEPTEMBER
S	M	T	W	T	F	S
1	2	3	4	5	6	7
8	9	10	11	12	13	14
15	16	17	18	19	20	21
22	23	24	25	26	27	28
29	30					

AUGUST

SUNDAY	18
MONDAY	19
TUESDAY	20
WEDNESDAY	21
THURSDAY	22
FRIDAY	23
SATURDAY	24

JULY
S	M	T	W	T	F	S
	1	2	3	4	5	6
7	8	9	10	11	12	13
14	15	16	17	18	19	20
21	22	23	24	25	26	27
28	29	30	31			

AUGUST
S	M	T	W	T	F	S
				1	2	3
4	5	6	7	8	9	10
11	12	13	14	15	16	17
18	19	20	21	22	23	24
25	26	27	28	29	30	31

SEPTEMBER
S	M	T	W	T	F	S
1	2	3	4	5	6	7
8	9	10	11	12	13	14
15	16	17	18	19	20	21
22	23	24	25	26	27	28
29	30					

"Visiting" from a nearby hedge, this spray of immaculate white clematis helps complete a still life in Virginia.

AUGUST

SUNDAY	25
	○
MONDAY	26
TUESDAY	27
WEDNESDAY	28
THURSDAY	29
FRIDAY	30
SATURDAY	31

Lavender, nasturtiums, and flax contribute to the graceful textures of the herb garden at Oatlands.

JULY						
S	M	T	W	T	F	S
	1	2	3	4	5	6
7	8	9	10	11	12	13
14	15	16	17	18	19	20
21	22	23	24	25	26	27
28	29	30	31			

AUGUST						
S	M	T	W	T	F	S
				1	2	3
4	5	6	7	8	9	10
11	12	13	14	15	16	17
18	19	20	21	22	23	24
25	26	27	28	29	30	31

SEPTEMBER						
S	M	T	W	T	F	S
1	2	3	4	5	6	7
8	9	10	11	12	13	14
15	16	17	18	19	20	21
22	23	24	25	26	27	28
29	30					

SEPTEMBER

SUNDAY	1

☾

MONDAY	2

Labor Day

TUESDAY	3

WEDNESDAY	4

THURSDAY	5

FRIDAY	6

SATURDAY	7

AUGUST						
S	M	T	W	T	F	S
					1	2	3
4	5	6	7	8	9	10
11	12	13	14	15	16	17
18	19	20	21	22	23	24
25	26	27	28	29	30	31

SEPTEMBER						
S	M	T	W	T	F	S
1	2	3	4	5	6	7
8	9	10	11	12	13	14
15	16	17	18	19	20	21
22	23	24	25	26	27	28
29	30					

OCTOBER						
S	M	T	W	T	F	S
		1	2	3	4	5
6	7	8	9	10	11	12
13	14	15	16	17	18	19
20	21	22	23	24	25	26
27	28	29	30	31		

Fronted by the Smithsonian Institution's Romanesque-inspired castle, the Enid A. Haupt gardens maintain their formal pattern through the year, but the colors change with the seasons.

SEPTEMBER

SUNDAY	8

Rosh Hashanah begins at sundown ●

MONDAY	9
TUESDAY	10
WEDNESDAY	11
THURSDAY	12
FRIDAY	13
SATURDAY	14

The pads of enormous Victoria water lilies look deceptively like stepping stones for crossing Victor Sassoon's water garden in Bangkok, Thailand.

AUGUST						
S	M	T	W	T	F	S
					1	2	3
4	5	6	7	8	9	10
11	12	13	14	15	16	17
18	19	20	21	22	23	24
25	26	27	28	29	30	31

SEPTEMBER						
S	M	T	W	T	F	S
1	2	3	4	5	6	7
8	9	10	11	12	13	14
15	16	17	18	19	20	21
22	23	24	25	26	27	28
29	30					

OCTOBER						
S	M	T	W	T	F	S
		1	2	3	4	5
6	7	8	9	10	11	12
13	14	15	16	17	18	19
20	21	22	23	24	25	26
27	28	29	30	31		

SEPTEMBER

SUNDAY	15
	☽
MONDAY	16
TUESDAY	17

Yom Kippur begins at sundown

WEDNESDAY	18
THURSDAY	19
FRIDAY	20
SATURDAY	21

AUGUST
S	M	T	W	T	F	S
					1	2	3
4	5	6	7	8	9	10
11	12	13	14	15	16	17
18	19	20	21	22	23	24
25	26	27	28	29	30	31

SEPTEMBER
S	M	T	W	T	F	S
1	2	3	4	5	6	7
8	9	10	11	12	13	14
15	16	17	18	19	20	21
22	23	24	25	26	27	28
29	30					

OCTOBER
S	M	T	W	T	F	S
		1	2	3	4	5
6	7	8	9	10	11	12
13	14	15	16	17	18	19
20	21	22	23	24	25	26
27	28	29	30	31		

A graceful Italianate garden temple in the lovely back garden of Jane Krumbhaar Mac-Leish, in Washington, D.C., brings to mind eighteenth-century English landscape design.

OCTOBER

SUNDAY	6
MONDAY	7
TUESDAY	8
WEDNESDAY	9
THURSDAY	10
FRIDAY	11
SATURDAY	12

Columbus Day

OCTOBER

SUNDAY	13	

MONDAY	14	

Columbus Day Observed (U.S.)
Thanksgiving Day (Canada)

TUESDAY	15	

☽

WEDNESDAY	16	

THURSDAY	17	

FRIDAY	18	

SATURDAY	19	

OCTOBER

SUNDAY	20
MONDAY	21
TUESDAY	22
WEDNESDAY	23 ○
THURSDAY	24
FRIDAY	25
SATURDAY	26

Autumn hues of chrysanthemums trimming the elegant Fountain Terrace at Dumbarton Oaks are echoed by the changing leaves in the distance.

SEPTEMBER							OCTOBER							NOVEMBER						
S	M	T	W	T	F	S	S	M	T	W	T	F	S	S	M	T	W	T	F	S
1	2	3	4	5	6	7			1	2	3	4	5						1	2
8	9	10	11	12	13	14	6	7	8	9	10	11	12	3	4	5	6	7	8	9
15	16	17	18	19	20	21	13	14	15	16	17	18	19	10	11	12	13	14	15	16
22	23	24	25	26	27	28	20	21	22	23	24	25	26	17	18	19	20	21	22	23
29	30						27	28	29	30	31			24	25	26	27	28	29	30

OCTOBER

SUNDAY	27
MONDAY	28
TUESDAY	29
WEDNESDAY	30 ☾
THURSDAY	31
	Halloween
FRIDAY	1 NOVEMBER
SATURDAY	2

SEPTEMBER							OCTOBER							NOVEMBER						
S	M	T	W	T	F	S	S	M	T	W	T	F	S	S	M	T	W	T	F	S
1	2	3	4	5	6	7			1	2	3	4	5						1	2
8	9	10	11	12	13	14	6	7	8	9	10	11	12	3	4	5	6	7	8	9
15	16	17	18	19	20	21	13	14	15	16	17	18	19	10	11	12	13	14	15	16
22	23	24	25	26	27	28	20	21	22	23	24	25	26	17	18	19	20	21	22	23
29	30						27	28	29	30	31			24	25	26	27	28	29	30

Topiary offers a chance for subtle humor, as evidenced by this leafy bear at Beckley in Oxfordshire.

NOVEMBER

SUNDAY   3

MONDAY   4

TUESDAY   5

Election Day

WEDNESDAY   6

●

THURSDAY   7

FRIDAY   8

SATURDAY   9

Delicate orchid blossoms stand out against their verdant backdrop in the Bangkok garden of Mrs. Saisingh Siributr.

OCTOBER						
S	M	T	W	T	F	S
		1	2	3	4	5
6	7	8	9	10	11	12
13	14	15	16	17	18	19
20	21	22	23	24	25	26
27	28	29	30	31		

NOVEMBER						
S	M	T	W	T	F	S
					1	2
3	4	5	6	7	8	9
10	11	12	13	14	15	16
17	18	19	20	21	22	23
24	25	26	27	28	29	30

DECEMBER						
S	M	T	W	T	F	S
1	2	3	4	5	6	7
8	9	10	11	12	13	14
15	16	17	18	19	20	21
22	23	24	25	26	27	28
29	30	31				

November

SUNDAY	10

MONDAY	11

Veterans Day (U.S.)
Remembrance Day (Canada)

TUESDAY	12

WEDNESDAY	13

THURSDAY	14

☽

FRIDAY	15

SATURDAY	16

OCTOBER						
S	M	T	W	T	F	S
		1	2	3	4	5
6	7	8	9	10	11	12
13	14	15	16	17	18	19
20	21	22	23	24	25	26
27	28	29	30	31		

NOVEMBER						
S	M	T	W	T	F	S
					1	2
3	4	5	6	7	8	9
10	11	12	13	14	15	16
17	18	19	20	21	22	23
24	25	26	27	28	29	30

DECEMBER						
S	M	T	W	T	F	S
1	2	3	4	5	6	7
8	9	10	11	12	13	14
15	16	17	18	19	20	21
22	23	24	25	26	27	28
29	30	31				

Bright autumn sunlight permits one to trace the sinuous lifelines of this *Cryptomeria japonica* in Kyoto.

NOVEMBER

SUNDAY	17
MONDAY	18
TUESDAY	19
WEDNESDAY	20
THURSDAY	21
	○
FRIDAY	22
SATURDAY	23

Mrs. Alexander Weddell's warm sense of humor is evident in this lively little nineteenth-century Italian caricature of a Turkish merchant, which resides on the grounds of Virginia House.

November

SUNDAY	24
MONDAY	25
TUESDAY	26
WEDNESDAY	27
THURSDAY	28
	Thanksgiving ☾
FRIDAY	29
SATURDAY	30

OCTOBER
S M T W T F S
1 2 3 4 5
6 7 8 9 10 11 12
13 14 15 16 17 18 19
20 21 22 23 24 25 26
27 28 29 30 31

NOVEMBER
S M T W T F S
1 2
3 4 5 6 7 8 9
10 11 12 13 14 15 16
17 18 19 20 21 22 23
24 25 26 27 28 29 30

DECEMBER
S M T W T F S
1 2 3 4 5 6 7
8 9 10 11 12 13 14
15 16 17 18 19 20 21
22 23 24 25 26 27 28
29 30 31

The reflecting pool at the Ryoan-ji Temple, in Kyoto, amplifies the rich color of the surrounding autumn plantings.

DECEMBER

SUNDAY	1

Hanukkah begins at sundown

MONDAY	2
TUESDAY	3
WEDNESDAY	4
THURSDAY	5
FRIDAY	6

●

SATURDAY	7

A spectacular white mulberry tree, planted by George Washington, is exquisitely tipped with snow at Mount Vernon.

NOVEMBER							DECEMBER							JANUARY						
S	M	T	W	T	F	S	S	M	T	W	T	F	S	S	M	T	W	T	F	S
					1	2	1	2	3	4	5	6	7				1	2	3	4
3	4	5	6	7	8	9	8	9	10	11	12	13	14	5	6	7	8	9	10	11
10	11	12	13	14	15	16	15	16	17	18	19	20	21	12	13	14	15	16	17	18
17	18	19	20	21	22	23	22	23	24	25	26	27	28	19	20	21	22	23	24	25
24	25	26	27	28	29	30	29	30	31					26	27	28	29	30	31	

DECEMBER

SUNDAY	8
MONDAY	9
TUESDAY	10
WEDNESDAY	11
THURSDAY	12
FRIDAY	13
SATURDAY	14

☽

NOVEMBER
S M T W T F S
            1 2
3 4 5 6 7 8 9
10 11 12 13 14 15 16
17 18 19 20 21 22 23
24 25 26 27 28 29 30

DECEMBER
S M T W T F S
1 2 3 4 5 6 7
8 9 10 11 12 13 14
15 16 17 18 19 20 21
22 23 24 25 26 27 28
29 30 31

JANUARY
S M T W T F S
        1 2 3 4
5 6 7 8 9 10 11
12 13 14 15 16 17 18
19 20 21 22 23 24 25
26 27 28 29 30 31

Geraniums provide bright points of color in the midst of the muted natural tones of this terrace garden in Peillon, in the south of France.

DECEMBER

SUNDAY	15
MONDAY	16
TUESDAY	17
WEDNESDAY	18
THURSDAY	19
FRIDAY	20
SATURDAY	21

○

A shrubbery-swathed urn and fascinating stone-work walk welcome the visitor to Dumbarton Oaks, regardless of season.

NOVEMBER						
S	M	T	W	T	F	S
					1	2
3	4	5	6	7	8	9
10	11	12	13	14	15	16
17	18	19	20	21	22	23
24	25	26	27	28	29	30

DECEMBER						
S	M	T	W	T	F	S
1	2	3	4	5	6	7
8	9	10	11	12	13	14
15	16	17	18	19	20	21
22	23	24	25	26	27	28
29	30	31				

JANUARY						
S	M	T	W	T	F	S
			1	2	3	4
5	6	7	8	9	10	11
12	13	14	15	16	17	18
19	20	21	22	23	24	25
26	27	28	29	30	31	

DECEMBER

SUNDAY	22
MONDAY	23
TUESDAY	24
WEDNESDAY	25
	Christmas
THURSDAY	26
	Boxing Day (Canada)
FRIDAY	27
SATURDAY	28

☾

In the Garden of Groves, Grand Bahama, a tangle of bougainvillea provides a complementary setting for flamingoes as they preen.

DECEMBER

SUNDAY	29	
MONDAY	30	
TUESDAY	31	
	New Year's Eve	
WEDNESDAY	1	JANUARY
THURSDAY	2	
FRIDAY	3	
SATURDAY	4	

A vine-covered gazebo at the Botanical Garden in Penang, Malaysia, provides shade and quiet so that the visitor may contemplate such exquisite plants as *Vinca rosea*, dahlias, and star flowers.

NOVEMBER						
S	M	T	W	T	F	S
					1	2
3	4	5	6	7	8	9
10	11	12	13	14	15	16
17	18	19	20	21	22	23
24	25	26	27	28	29	30

DECEMBER						
S	M	T	W	T	F	S
1	2	3	4	5	6	7
8	9	10	11	12	13	14
15	16	17	18	19	20	21
22	23	24	25	26	27	28
29	30	31				

JANUARY						
S	M	T	W	T	F	S
				1	2	3	4
5	6	7	8	9	10	11
12	13	14	15	16	17	18
19	20	21	22	23	24	25
26	27	28	29	30	31	

THREE-YEAR CALENDAR

1990

JANUARY	FEBRUARY	MARCH	APRIL	MAY	JUNE
S M T W T F S	S M T W T F S	S M T W T F S	S M T W T F S	S M T W T F S	S M T W T F S
1 2 3 4 5 6	1 2 3	1 2 3	1 2 3 4 5 6 7	1 2 3 4 5	1 2
7 8 9 10 11 12 13	4 5 6 7 8 9 10	4 5 6 7 8 9 10	8 9 10 11 12 13 14	6 7 8 9 10 11 12	3 4 5 6 7 8 9
14 15 16 17 18 19 20	11 12 13 14 15 16 17	11 12 13 14 15 16 17	15 16 17 18 19 20 21	13 14 15 16 17 18 19	10 11 12 13 14 15 16
21 22 23 24 25 26 27	18 19 20 21 22 23 24	18 19 20 21 22 23 24	22 23 24 25 26 27 28	20 21 22 23 24 25 26	17 18 19 20 21 22 23
28 29 30 31	25 26 27 28	25 26 27 28 29 30 31	29 30	27 28 29 30 31	24 25 26 27 28 29 30

JULY	AUGUST	SEPTEMBER	OCTOBER	NOVEMBER	DECEMBER
S M T W T F S	S M T W T F S	S M T W T F S	S M T W T F S	S M T W T F S	S M T W T F S
1 2 3 4 5 6 7	1 2 3 4	1	1 2 3 4 5 6	1 2 3	1
8 9 10 11 12 13 14	5 6 7 8 9 10 11	2 3 4 5 6 7 8	7 8 9 10 11 12 13	4 5 6 7 8 9 10	2 3 4 5 6 7 8
15 16 17 18 19 20 21	12 13 14 15 16 17 18	9 10 11 12 13 14 15	14 15 16 17 18 19 20	11 12 13 14 15 16 17	9 10 11 12 13 14 15
22 23 24 25 26 27 28	19 20 21 22 23 24 25	16 17 18 19 20 21 22	21 22 23 24 25 26 27	18 19 20 21 22 23 24	16 17 18 19 20 21 22
29 30 31	26 27 28 29 30 31	23 24 25 26 27 28 29 30	28 29 30 31	25 26 27 28 29 30	23 24 25 26 27 28 29 30 31

1991

JANUARY	FEBRUARY	MARCH	APRIL	MAY	JUNE
S M T W T F S	S M T W T F S	S M T W T F S	S M T W T F S	S M T W T F S	S M T W T F S
1 2 3 4 5	1 2	1 2	1 2 3 4 5 6	1 2 3 4	1
6 7 8 9 10 11 12	3 4 5 6 7 8 9	3 4 5 6 7 8 9	7 8 9 10 11 12 13	5 6 7 8 9 10 11	2 3 4 5 6 7 8
13 14 15 16 17 18 19	10 11 12 13 14 15 16	10 11 12 13 14 15 16	14 15 16 17 18 19 20	12 13 14 15 16 17 18	9 10 11 12 13 14 15
20 21 22 23 24 25 26	17 18 19 20 21 22 23	17 18 19 20 21 22 23	21 22 23 24 25 26 27	19 20 21 22 23 24 25	16 17 18 19 20 21 22
27 28 29 30 31	24 25 26 27 28	24 25 26 27 28 29 30 31	28 29 30	26 27 28 29 30 31	23 24 25 26 27 28 29 30

JULY	AUGUST	SEPTEMBER	OCTOBER	NOVEMBER	DECEMBER
S M T W T F S	S M T W T F S	S M T W T F S	S M T W T F S	S M T W T F S	S M T W T F S
1 2 3 4 5 6	1 2 3	1 2 3 4 5 6 7	1 2 3 4 5	1 2	1 2 3 4 5 6 7
7 8 9 10 11 12 13	4 5 6 7 8 9 10	8 9 10 11 12 13 14	6 7 8 9 10 11 12	3 4 5 6 7 8 9	8 9 10 11 12 13 14
14 15 16 17 18 19 20	11 12 13 14 15 16 17	15 16 17 18 19 20 21	13 14 15 16 17 18 19	10 11 12 13 14 15 16	15 16 17 18 19 20 21
21 22 23 24 25 26 27	18 19 20 21 22 23 24	22 23 24 25 26 27 28	20 21 22 23 24 25 26	17 18 19 20 21 22 23	22 23 24 25 26 27 28
28 29 30 31	25 26 27 28 29 30 31	29 30	27 28 29 30 31	24 25 26 27 28 29 30	29 30 31

1992

JANUARY	FEBRUARY	MARCH	APRIL	MAY	JUNE
S M T W T F S	S M T W T F S	S M T W T F S	S M T W T F S	S M T W T F S	S M T W T F S
1 2 3 4	1	1 2 3 4 5 6 7	1 2 3 4	1 2	1 2 3 4 5 6
5 6 7 8 9 10 11	2 3 4 5 6 7 8	8 9 10 11 12 13 14	5 6 7 8 9 10 11	3 4 5 6 7 8 9	7 8 9 10 11 12 13
12 13 14 15 16 17 18	9 10 11 12 13 14 15	15 16 17 18 19 20 21	12 13 14 15 16 17 18	10 11 12 13 14 15 16	14 15 16 17 18 19 20
19 20 21 22 23 24 25	16 17 18 19 20 21 22	22 23 24 25 26 27 28	19 20 21 22 23 24 25	17 18 19 20 21 22 23	21 22 23 24 25 26 27
26 27 28 29 30 31	23 24 25 26 27 28 29	29 30 31	26 27 28 29 30	24 25 26 27 28 29 30 31	28 29 30

JULY	AUGUST	SEPTEMBER	OCTOBER	NOVEMBER	DECEMBER
S M T W T F S	S M T W T F S	S M T W T F S	S M T W T F S	S M T W T F S	S M T W T F S
1 2 3 4	1	1 2 3 4 5	1 2 3	1 2 3 4 5 6 7	1 2 3 4 5
5 6 7 8 9 10 11	2 3 4 5 6 7 8	6 7 8 9 10 11 12	4 5 6 7 8 9 10	8 9 10 11 12 13 14	6 7 8 9 10 11 12
12 13 14 15 16 17 18	9 10 11 12 13 14 15	13 14 15 16 17 18 19	11 12 13 14 15 16 17	15 16 17 18 19 20 21	13 14 15 16 17 18 19
19 20 21 22 23 24 25	16 17 18 19 20 21 22	20 21 22 23 24 25 26	18 19 20 21 22 23 24	22 23 24 25 26 27 28	20 21 22 23 24 25 26
26 27 28 29 30 31	23 24 25 26 27 28 29 30 31	27 28 29 30	25 26 27 28 29 30 31	29 30	27 28 29 30 31